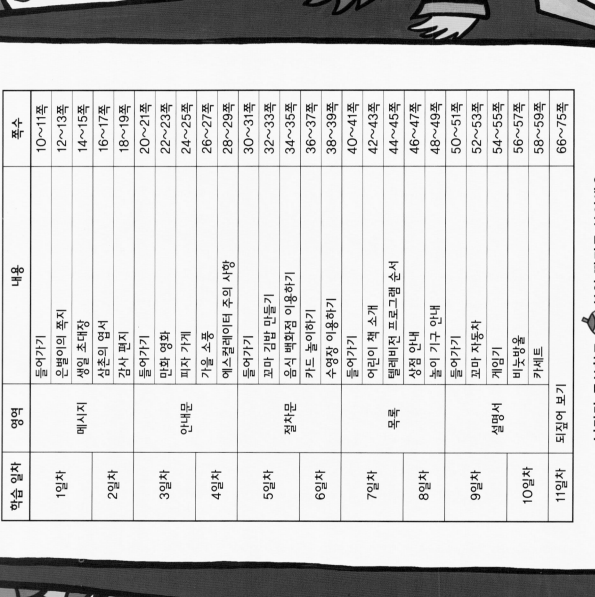

날마다 공부하고  붙임 딱지를 붙이세요.

2단계 1 생활글 학습 지도표

1일차
2일차
3일차
4일차
5일차
6일차
7일차
8일차
9일차
10일차
11일차

똑똑한 우아독해

2단계

1 생활글

- 메시지, 안내문, 절차문, 목록, 설명서로 쓰인 생활글을 읽습니다.

- 생활글의 목적과 핵심 내용을 파악하는 독해 훈련을 합니다.

- 글의 목적과 핵심 내용을 파악하면 글을 쓴 까닭과 글의 특징을 알 수 있습니다.

내 이름:

웅진주니어

독해력은 사고력과 학습 능력의 핵심

독해력이란 무엇일까요?

독해는 단순히 글자를 읽는 것이 아닙니다. 글을 읽으면서 글에 담긴 뜻과 맥락적 의미를 이해하는 것입니다. 독해력이란 글의 의미를 빠르고 정확하게 파악하는 능력으로, 독해력을 키우면 책을 읽는 속도뿐만 아니라 다방면의 학습 능력이 향상됩니다. 그런데 독해력은 책을 무조건 많이 읽는 것보다, 글을 제대로 읽고 이해하는 훈련을 통해 길러집니다.

왜 유아에게 독해력이 중요할까요?

하나, 어릴 때부터 책을 즐겨 읽게 됩니다.

책을 읽으면서 기쁨과 슬픔을 느끼고 감동을 얻으려면 단순히 글자를 읽는 것이 아니라 글자와 문장에 담긴 뜻을 정확히 파악할 수 있어야 합니다. 즉, 독해력이 밑받침되지 않으면 책을 읽는 것 자체가 매우 지루하고 고통스런 행위가 될 수밖에 없습니다. 이렇게 책 읽는 즐거움을 느끼지 못하는 아이는 점점 책을 멀리하고, 그에 따라 독해력은 더 떨어지는 악순환이 거듭됩니다.

둘, 낱말에 대한 흥미를 키워 어휘력이 발달합니다.

글을 읽고 내용을 이해하는 과정에서 한 낱말의 다양한 쓰임새와 여러 낱말들 간의 상관관계를 자연스럽게 익히므로 어휘력이 향상됩니다. 낱말에 대한 새로운 발견은 곧 낱말로 이루어진 글에 흥미를 불러일으키며, 어렵고 낯선 낱말과 문장에 도전할 수 있는 자신감을 키워 줍니다. 이렇게 낱말에 대한 흥미와 자신감을 가진 아이는 독서에 많은 관심을 보이며 발표력도 좋아집니다.

셋, 사고력을 길러 주고 의사소통 능력을 향상시킵니다.

눈으로는 글과 그림을 보고, 입으로는 크게 소리 내어 읽고, 귀로는 그 소리를 들으면서 아이는 머릿속으로 글의 내용을 파악하게 됩니다. 이러한 종합적인 자극과 사고 활동은 대뇌와 연결되어 사고력을 향상시키며, 다양한 의사소통 능력을 길러 줍니다.

넷, 독해력은 공부하는 능력의 핵심입니다.

모든 공부는 읽기에서 시작됩니다. 수학이나 과학도 지식의 내용을 정확히 이해하지 못하면 문제를 제대로 해결할 수 없습니다. 독해력은 공부하는 능력의 핵심이기 때문입니다. 따라서 독해력이 부족한 아이는 공부하는 능력과 학업 성취도가 떨어질 수밖에 없습니다.

이 책은 무엇이 좋을까요?

● **유아의 독해력 기초를 잡아 주는 길잡이가 됩니다.**

- 유아가 일상생활 속에서 글을 접하는 환경(광고지, 포스터, 이야기책, 지식책 등)을 고려하여 글을 선정했습니다.
- 성격이 비슷한 글(생활글, 이야기글, 지식글)끼리 묶어 구성했습니다.
- 글에 알맞은 읽기 전략을 통해 올바른 독해 방법을 훈련합니다.
- 독해 단계에 맞추어 체계적으로 학습할 수 있습니다.

제시문을 읽기 전	• 낭독하기를 통해 독해 학습을 준비합니다. • 그림을 보면서 글 내용에 대해 상상하고 배경지식을 끄집어내어 사고를 활성화시킵니다.

↓

제시문을 읽는 동안	• 눈으로 보고, 입으로 크게 소리 내어 읽고, 귀로 들으면서 글 내용에 집중합니다.

↓

제시문을 읽은 뒤	• 읽기 전략에 따른 독해 활동을 통해 제시문의 내용을 파악합니다. • 글을 반복해 읽으면서 자연스럽게 글 내용을 기억합니다.

- 학습을 모두 끝내면 평가를 통해 아이의 학습 성취도를 곧바로 확인할 수 있습니다.

● **다양한 글에 흥미를 갖게 되어 폭넓은 독서의 기틀이 마련됩니다.**

- 아이가 평소에 흔히 접하는 글에 관심을 갖게 합니다.
- 주위 사람들과 대화할 수 있는 이야깃거리를 제공하여 의사소통의 길잡이가 됩니다.
- 다양한 소재의 글을 통해 주변 사물과 현상에 대해 호기심을 갖게 합니다.

● **유아의 개인차를 고려하여 수준별 학습을 할 수 있습니다.**

- 총 3단계 학습 과정을 아이의 수준에 따라 자율적으로 조절할 수 있습니다.
- 초등학교 1학년 교과 과정과 연계된 교재로, 학교 입학 후 빨리 적응할 수 있습니다.

김용한

서울초등국어교과교육연구회 회장 역임

(전)서울 신서초등학교 교장

한국글짓기지도회 회장 역임

5, 6차 국어과 교육 과정 심의 위원, 교과서 및 교사용 지도서 집필

7차 국어과 교과서 연구 위원

7차 개정 국어 교과서 심의 위원

이 책의 구성, 꼼꼼 들여다보기

 낭독하기

좋은 시와 산문을 크게 소리 내어 여러 번 읽습니다. 2단계에서는 아이들이 좋아하는 가족, 강아지, 달팽이를 소재로 한 글을 실었습니다. 학습을 시작할 때는 항상 낭독하기 활동부터 하도록 이끌어 주시고, 활동을 끝낸 뒤에는 아이와 함께 붙임 딱지를 붙이면서 많이 칭찬하고 격려해 주세요.

● **또박또박 읽기**

동시를 큰 소리로 또박또박 읽도록 해 주세요.

● **바르게 읽기**

발음에 주의하면서 글을 정확하게 읽도록 해 주세요. 특히 예시로 제시된 발음은 조금 더 주의해서 읽게 해 주세요.

● **느낌 살려 읽기1**

모양과 소리를 흉내 내는 말의 느낌을 충분히 살리며 읽도록 해 주세요.

● **느낌 살려 읽기2**

누군가와 이야기를 나누듯 자연스럽게 읽도록 해 주세요.

 들어가기

영역별로 어떤 내용을 담고 있는지 한눈에 살펴볼 수 있습니다. 2단계는 메시지, 안내문, 절차문, 목록, 설명서로 이루어졌습니다. 각 영역에 해당하는 내용을 살펴보면서 아이가 접해 본 적이 있는 글에 대해 함께 이야기를 나누며 재미와 호기심을 느낄 수 있도록 이끌어 주세요.

2단계에서는 영역별로 4개의 제시문이 나오며, 하나의 제시문을 읽고 3개의 독해(글을 읽고 내용 파악하기) 문제를 풀어 봅니다. 모든 활동이 끝난 뒤에는 아이와 함께 '참 잘했어요!' 붙임 딱지를 붙이면서 많이 칭찬해 주세요.

제목
제시문의 중심 글감이나 서식을 나타냅니다.

제시문
2단계 제시문은 아이들이 긴 글에 대한 독해 능력을 기를 수 있도록 문장이 1단계보다 길어지고, 글도 6~9줄 정도로 구성했습니다. 제시문을 읽기 전에 그림을 보면서 제시문의 내용을 상상해 본 뒤, 소리 내어 읽도록 합니다.

독해 활동
독해력을 기르려면 글을 제대로 읽는 방법을 반복해서 훈련해야 합니다. 생활글의 독해에서는 누가 쓰거나 보낸 글인지, 글감이 무엇인지, 글의 중심 내용과 세부 내용이 무엇인지를 파악하는 것이 중요합니다. 2단계는 독해에 익숙해지는 단계이므로 생활글의 목적과 핵심 내용을 파악하는 문제를 통해 독해하는 방법을 훈련합니다.

 되짚어 보기

5개의 영역별로 1개씩의 제시문을 읽고, 독해 문제를 풀어 보면서 앞에서 학습한 독해 능력을 스스로 평가합니다.

우리는 닮은꼴

정두리

곱슬머리
아빠 닮았다

검지발가락 긴 것
엄마 닮았다

늦잠꾸러기인 것
아빠 닮았다

저녁 잠 잘 자는 것
엄마 닮았다
(나는 잠꾸러기)

책 읽기 좋아하는 것
누구 닮았나
누굴 닮았나?

고래

김성은

우리 가족은 바닷가로 놀러 갔어요.

모두 함께 토닥토닥 모래를 두드려요.

모래를 착착 쌓고 또 쌓고, 두드리고 또 두드렸죠.

고래 모습이 조금씩 나타나기 시작했어요.

우리는 세상에서 가장 큰 고래를

만들 거예요.

※ 바르게 읽기

바닷가 [바다까]

쌓고 [싸코]

골목길

김종상

쪼르르르
달려갔다가
아장아장 돌아오고

쫄랑쫄랑
따라오다가
타달타달 돌아가고

심심해서
친구 찾아다니는
복슬복슬 털강아지.

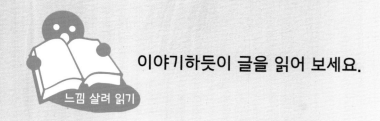

정말 미안해!

김성은

우람이는 달팽이를 자동차에 태웠어요.
"야호, 달려라, 달려!"
그런데 그만 자동차가 벽에 쾅 부딪혔어요.
달팽이는 바닥에 떨어지고 말았죠.
우람이는 놀라서 달려갔어요.
"달팽아, 달팽아, 괜찮아?"
그런데 달팽이가 꼼짝을 안 해요.
"달팽아, 정말 미안해!"

메시지

다른 사람에게 말하고 싶은
내용이 쓰여 있어요.

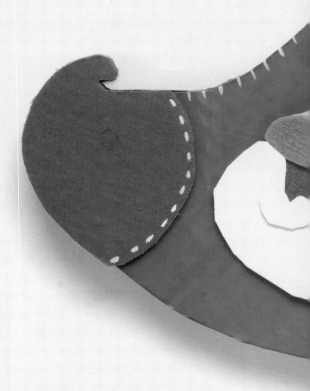

산타 할아버지께

산타 할아버지!
이번 크리스마스에는
어려운 친구들에게
제 선물까지 주세요.

수미 올림

은별이의 쪽지

큰 소리로 글을 읽고, 물음에 답하세요.

엄마께

엄마, 소원이 하나 있어요.
어제 시장에서 본 강아지를 기르고 싶어요.
복슬복슬한 털과 꼬리를 살랑거리는
모습이 참 귀여워요.
강아지를 사 주시면 먹이는 제가 줄게요.
목욕도 제가 시킬게요.
엄마, 꼭 제 부탁을 들어주세요.

은별 올림

1 은별이가 누구에게 쓴 쪽지인가요? 알맞은 사람에 붙임 딱지를 붙이세요.

언니

아빠

엄마

12

2 은별이는 무엇을 사 달라고 했나요? 알맞은 것에 ⭕ 하고, ☐ 안에 쓰세요.

고슴도치

토끼

고양이

강아지

햄스터

3 은별이는 강아지에게 무엇을 해 주겠다고 했나요? 알맞은 것을 모두 골라 ⭕ 안을 색칠하세요.

목욕시키기

운동시키기

먹이 주기

생일 초대장

하나에게

하나야, 안녕?
이번 주 토요일은 내 생일이야.
생일잔치를 할 건데, 너도 오면 좋겠어.
내가 배운 마술도 보여 줄게.
물총 놀이도 하면서 재미있게 놀자.
토요일 1시까지 우리 집으로 꼭 와.
그럼, 안녕!

한빛이가

1 무엇을 하려고 쓴 글인가요? 알맞은 것에 ⭕ 하세요.

생일잔치에 친구를 초대하려고

아픈 친구를 위로하려고

14

2 한빛이는 생일잔치에서 무엇을 할 거라고 했나요? 알맞은 것을 모두 골라 ◯ 하세요.

물총 놀이

축구

블록 쌓기

마술

3 한빛이의 생일잔치는 언제 하나요? 알맞은 것을 색칠하고, ☐ 안에 쓰세요.

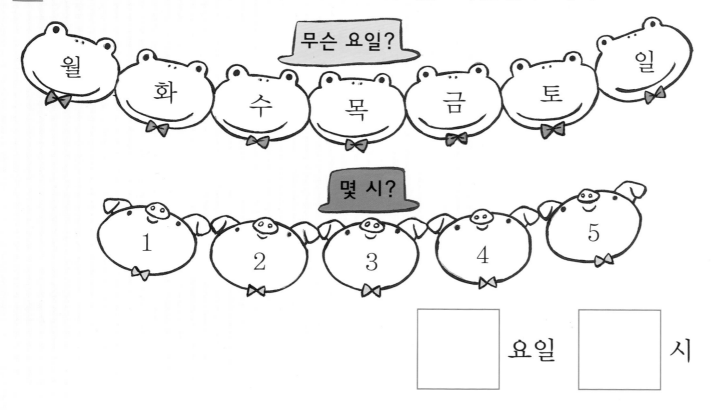

무슨 요일?

월 화 수 목 금 토 일

몇 시?

1 2 3 4 5

☐ 요일 ☐ 시

삼촌의 엽서

큰 소리로 글을 읽고, 물음에 답하세요.

사랑하는 다훈이에게

다훈아, 잘 지냈니?
삼촌은 제주도에 여행을 왔단다.
오늘은 만장굴이라는 동굴에 갔어.
그곳에서 거북 바위도 보고,
멋지게 솟은 돌기둥도 보았단다.
또 김녕 미로 공원에도 갔는데,
길을 찾는 게 참 재미있었어.
다음에는 다훈이와 함께 오고 싶구나.
그럼, 다시 만날 때까지 안녕!

제주도에서 삼촌이

1 누가 다훈이에게 쓴 엽서인가요? 알맞은 사람에 ◯ 하세요.

할아버지	삼촌	이모

2 삼촌은 어디에 여행을 갔나요? 알맞은 것에 ⭘ 하고, ☐ 안에 쓰세요.

서울   제주도   부산

☐

3 삼촌이 제주도에서 한 것을 모두 골라 ⭘ 안을 색칠하세요.

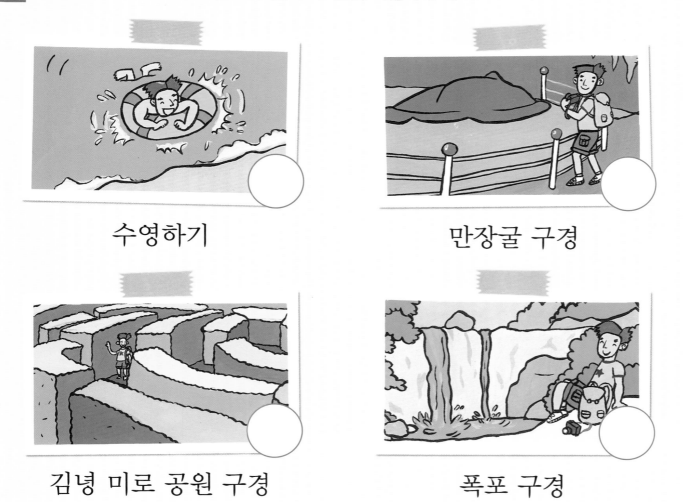

수영하기   만장굴 구경

김녕 미로 공원 구경   폭포 구경

감사 편지

큰 소리로 글을 읽고, 물음에 답하세요.

경비원 아저씨께

아저씨, 안녕하세요?

저는 동현이에요.

제 로봇을 찾아 주셔서 고맙습니다.

로봇을 놀이터에 두고 온 것을 모르고 한참 찾았어요.

잃어버린 줄 알고 무척 속상했는데,

아저씨께서 로봇을 찾아 주셔서 참 기뻐요.

아저씨, 정말 고맙습니다.

그럼, 안녕히 계세요.

동현 올림

---

1 동현이가 누구에게 쓴 편지인가요? 알맞은 사람에 붙임 딱지를 붙이세요.

경찰 아저씨

소방관 아저씨

경비원 아저씨

2 동현이는 무엇을 잃어버렸나요? 알맞은 것에 ◯ 하고, ☐ 안에 쓰세요.

로봇　　　　　　　　　물총　　　　　　　　　블록

3 왜 동현이는 경비원 아저씨께 편지를 썼나요? 알맞은 것에 ◯ 하세요.

아저씨께 부탁을 하기 위해

아저씨께 고마움을 전하기 위해

2

안내문

여러 사람에게 널리 알리려는
내용이 쓰여 있어요.

만화 영화   큰 소리로 글을 읽고, 물음에 답하세요.

뿌우의 대모험

귀여운 아기 공룡 뿌우가
친구를 찾아 여행을 떠나요.
뿌우는 어떤 친구들을 만날까요?
주인공인 아기 공룡 뿌우를 따라
꿈과 모험이 가득한 곳으로
함께 떠나요!

● 언제 : 5월 1일 2시
● 만화 영화를 볼 수 있는 곳 : 병아리 영화관, 우리 마을 회관

1 무엇을 알리는 글인가요? 알맞은 것에 붙임 딱지를 붙이세요.

음악회

만화 영화

인형극

2 '뿌우의 대모험'의 주인공은 누구인가요? 알맞은 동물에 ⭕ 하세요.

사자 아기 독수리 아기 공룡

3 '뿌우의 대모험'을 보려면 어디로 가야 하나요? 알맞게 길을 따라가세요.

학교

우리 마을 회관

피자 가게

큰 소리로 글을 읽고, 물음에 답하세요.

동그라미 피자 가게

동그라미 피자 가게가 새로 문을 열었어요.
감자 피자, 고구마 피자, 새우 피자 같은 여러 피자를 팔아요.
맛있는 스파게티와 신선한 샐러드, 주스와 콜라도 있어요.
7월 5일, 6일에는 피자를 사시는 모든 분께
마늘빵을 선물로 드려요.
많이 와 주세요.

전화 123-4567

---

1 무엇을 알리는 글인가요? 알맞은 것에 ◯ 하세요.

새로운 빵이 나왔어요.

채소를 싸게 팔아요.

피자 가게가 새로
문을 열었어요.

2 피자 가게의 차림표예요. 동그라미 피자 가게에서 파는 것만 붙임 딱지에서 골라 붙이세요.

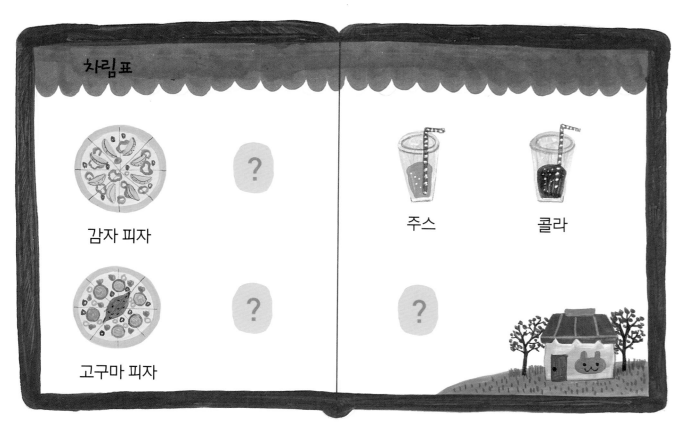

차림표

감자 피자

?

고구마 피자

?

주스

콜라

?

3 마늘빵을 선물로 주는 날은 언제인가요? 달력에서 모두 골라 칸을 색칠하세요.

7월

일	월	화	수	목	금	토
				1	2	3
4	5	6	7	8	9	10
11	12	13	14	15	16	17

가을 소풍

큰 소리로 글을 읽고, 물음에 답하세요.

가을 소풍을 갑니다

유치원에서 가을 소풍을 갑니다.
옛날 사람들의 생활 모습도 알아보고,
전통 놀이도 할 수 있는 민속촌으로 갑니다.
준비물을 잘 챙겨서 보내 주세요.

- 때 : 9월 20일 화요일
- 곳 : 민속촌
- 할 일 : 윷놀이, 민속촌 둘러보기, 도자기 만들기
- 준비물 : 물, 도시락, 간식, 모자

잎새 유치원

---

1 무엇을 알리는 글인가요? 알맞은 것에 ◯ 하세요.

노래자랑

가을 소풍

운동회

2 어디로 소풍을 가나요? 알맞은 것에 붙임 딱지를 붙이고, □ 안에 쓰세요.

박물관   민속촌

3 소풍을 가서 하는 일이 맞으면 □ 안에 ○표, 틀리면 ×표 하세요.

민속촌 둘러보기   물놀이

도자기 만들기   윷놀이

에스컬레이터 주의 사항

참 잘했어요!

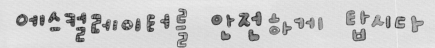

에스컬레이터를 안전하게 탑시다

에스컬레이터를 안전하게 타기 위해서는

지켜야 할 약속이 있어요.

1. 손잡이를 꼭 잡으세요.

2. 뛰거나 장난치지 마세요.

3. 어린이는 어른과 함께 타세요.

4. 신발이나 다른 물건이 끼지 않게 조심하세요.

5. 에스컬레이터 밖으로 몸을 내밀지 마세요.

1 언제 지켜야 할 약속인가요? 알맞은 것에 ◯ 하세요.

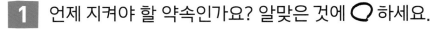

에스컬레이터를 탈 때

엘리베이터를 탈 때

버스를 탈 때

2 에스컬레이터를 바르게 이용하는 사람을 모두 골라 붙임 딱지를 붙이세요.

어린이는 어른과 함께 타요.

뛰거나 장난을 쳐요.

에스컬레이터 밖으로 몸을 내밀어요.

손잡이를 꼭 잡아요.

3 왜 에스컬레이터를 탈 때 약속을 지켜야 하나요? 알맞은 것을 골라 색칠하세요.

 빨리 타기 위해서

 안전하게 타기 위해서

 아껴 타기 위해서

3 절차문

일의 순서와 방법이
차례대로 쓰여 있어요.

1. 부엌에 가서
엄마가 있는지 본다.

2. 의자를 냉장고
앞으로 가져간다.

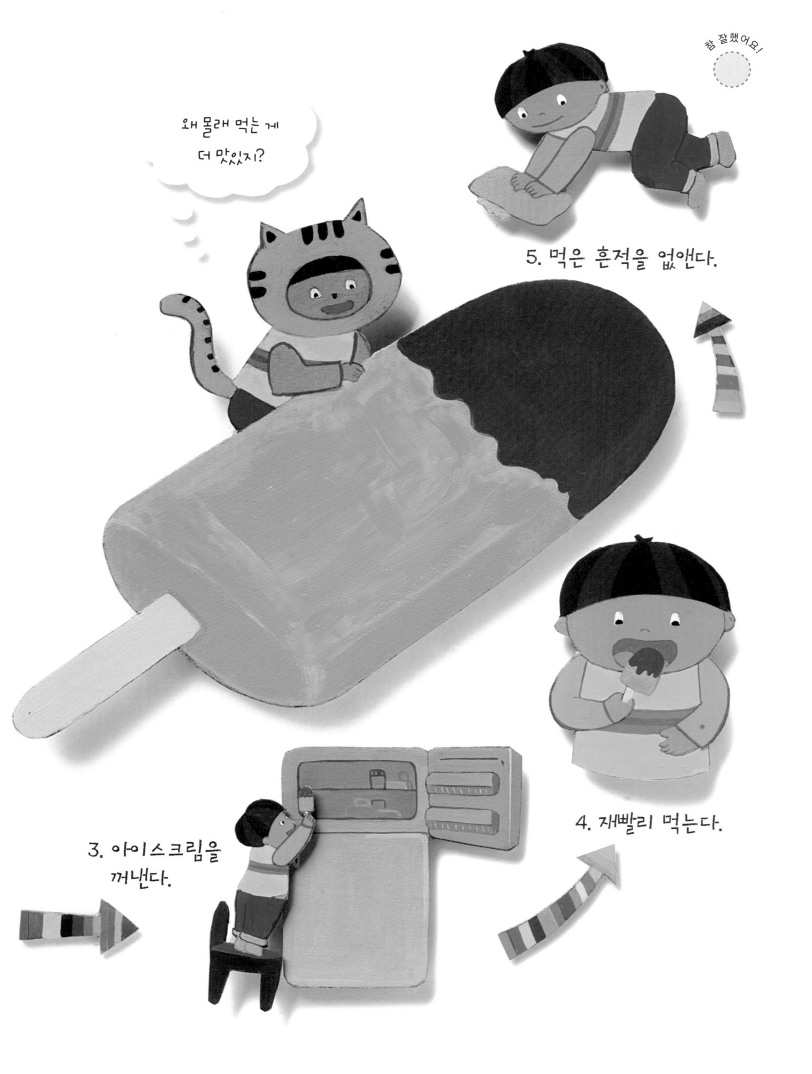

꼬마 김밥

- 재료 : 김, 치즈, 당근, 오이,
  밥, 소금, 참기름

- 이렇게 만들어요

1. 김을 똑같이 잘라 네 장으로 만들어요.
2. 치즈, 당근, 오이를 김 길이에 맞춰
   얇게 썰어요.
3. 밥에 소금, 참기름을 넣고 골고루 섞어요.
4. 김 위에 양념한 밥을 얇게 펴요.
5. 밥 위에 당근, 오이, 치즈를 하나씩 올려요.
6. 김으로 재료를 싸면서 돌돌 말아요.

1 무엇을 만드는 순서인가요? 알맞은 것에 ◯ 하세요.

떡볶이

샌드위치

꼬마 김밥

2 꼬마 김밥 재료에서 빠진 것을 ◎보기 에서 모두 골라 ⭕ 하고, □ 안에 쓰세요.

◎보기

오이   사과   치즈

밥   참기름   소금

김   당근

3 ◎보기 다음으로 해야 할 일은 무엇인가요? 알맞은 것에 붙임 딱지를 붙이세요.

◎보기

김 위에 양념한 밥을 얇게 펴요.

김을 똑같이 잘라
네 장으로 만들어요.

김으로 재료를 싸면서
돌돌 말아요.

밥 위에 당근, 오이,
치즈를 하나씩 올려요.

음식 백화점 이용하기

큰 소리로 글을 읽고, 물음에 답하세요.

음식 백화점 이용 순서

1. 차림표에서 음식을 고르세요.
2. 계산대에서 음식값을 내고 번호표를 받으세요.
3. 음식 코너에 번호표를 내고 기다리세요.
4. 번호표에 쓰인 숫자가 전광판에 나타나면 음식을 가져오세요.
5. 음식을 다 먹으면, 빈 그릇은 반납대에 놓으세요.

1 무엇을 하는 순서인가요? 알맞은 것에 ◯ 하세요.

음식을 만드는 순서

음식 백화점을 이용하는 순서

음식을 놓는 순서

2 계산대에서 음식값을 내고 무엇을 받아야 하나요? 알맞은 것에 ◯ 하세요.

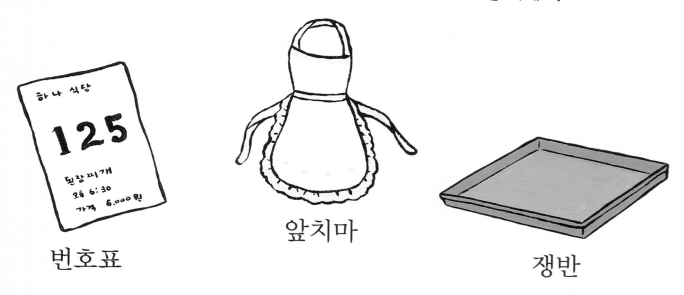

번호표

앞치마

쟁반

3 음식 백화점을 이용할 때, 가장 먼저 할 일은 노란색, 가장 나중에 할 일은 파란색으로 ◯ 안을 색칠하세요.

차림표에서 음식 고르기

음식 코너에 번호표 내기

빈 그릇을 반납대에 놓기

계산대에서 음식값 내기

카드 놀이하기 큰 소리로 글을 읽고, 물음에 답하세요.

재미있는 과자 카드 놀이

1. 과자 카드를 모두 가운데에 놓는다.

2. 가위바위보를 하여 순서를 정한다.

3. 주사위를 던져서 나온 수만큼
   카드를 가져간다.

4. 주사위를 던져 '꽝'이 나오면 카드를
   한 장 내어놓는다.

   ※ 맨 처음에 '꽝'이 나오면 주사위를 다시 던진다.

5. 가운데 놓은 카드가 다 없어지면,
   카드를 많이 가진 사람이 이긴다.

1 무엇을 하는 순서인가요? 알맞은 것에 ◯ 하세요.

과자 카드 놀이를 하는 순서

과자를 굽는 순서

과자 카드를 사는 순서

2 주사위를 던져 나온 것을 보고, 해야 할 일을 알맞게 줄로 이으세요.

카드를 한 장 내어놓는다.

카드를 네 장 가져간다.

3 과자 카드 놀이를 하는 순서에 알맞게 □ 안에 숫자를 쓰세요.

카드를 모두 가운데에 놓는다.

주사위의 수만큼 카드를 가져간다.

가위바위보로 순서를 정한다.

주사위를 던진다.

수영장 이용하기

큰 소리로 글을 읽고, 물음에 답하세요.

수영장에 오면 이렇게 하세요

1. 옷을 벗어 보관함에 넣습니다.
2. 샤워실에서 샤워를 합니다.
3. 수영복을 입고, 수영 모자를 씁니다.
4. 물속에 들어가기 전에
   준비 운동을 합니다.
5. 천천히 물속에 들어갑니다.

1 어디에서 지켜야 할 순서인가요? 알맞은 것을 골라 ○ 안을 색칠하세요.

농구장

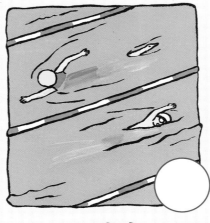

수영장

야구장

38

2 수영장에서는 무엇을 입어야 하나요? 알맞게 붙임 딱지를 붙이고, □ 안에 쓰세요.

을 입고,

를 쓴다.

3 수영장을 이용하는 순서에 알맞게 길을 따라가세요.

샤워를 해요.

수영복을 입고,
수영 모자를 써요.

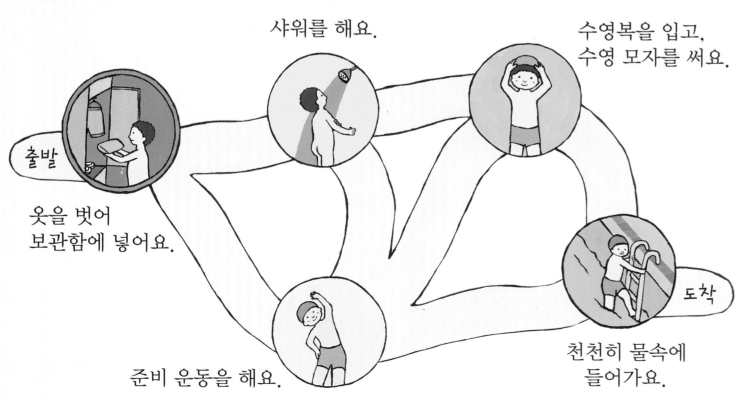

옷을 벗어
보관함에 넣어요.

준비 운동을 해요.

천천히 물속에
들어가요.

4

목록

서로 관련 있는 것들의
내용이 함께 쓰여 있어요.

눈사람 만들 때 필요한 것

1. 양동이 – 모자로 쓴다.

2. 당근 – 코로 쓴다.

3. 나뭇가지 – 손으로 쓴다.

4. 단추 – 눈으로 쓴다.

5. 털실 – 머리카락으로 쓴다.

새로 나온 어린이 책

햇빛 서점

이번 달에 새로 나온 어린이 책을 소개합니다.
많이 읽어 주세요.

옛이야기 그림책

생활 그림책   과학 그림책

• 도깨비가 준 보물
• 방귀쟁이 며느리

• 투덜이 청개구리
• 혼자서도 잘해요

• 지구가 빙글빙글
• 고릴라가 궁금해!

1 어디에서 볼 수 있는 글인가요? 알맞은 것을 골라 ○ 안을 색칠하세요.

서점   병원   문방구

2 이번 달에 새로 나온 어린이 책을 모두 골라 〇 하세요.

3 새로 나온 어린이 책의 종류에 알맞게 붙임 딱지를 붙이세요.

텔레비전 프로그램 순서

큰 소리로 글을 읽고, 물음에 답하세요.

오늘의 텔레비전 프로그램 방송 순서

시	프로그램
10 시	한글을 배워요!
11 시	즐거운 동요 세상
12 시	신 나는 놀이 동산
1 시	영어가 술술
2 시	뚝딱뚝딱 만들기 나라
3 시	놀라운 과학 나라

1 무엇을 알려 주는 글인가요? 알맞은 것에 ◯ 하세요.

인형극 순서

그림책 순서

텔레비전 프로그램 순서

친구들이 보려는 텔레비전 프로그램은 몇 시에 하나요? 알맞게 줄로 이으세요.

오늘 텔레비전에서 볼 수 있는 프로그램에 붙임 딱지를 붙이고, □ 안에 쓰세요.

상점 안내

큰 소리로 글을 읽고, 물음에 답하세요.

알뜰 상점

이런 물건을 팔아요

6층	가구, 책
5층	화장품, 그릇
4층	옷, 신발, 가방
3층	장난감, 학용품
2층	과자, 음료수, 아이스크림
1층	채소, 과일, 고기, 생선

알뜰 상점

---

1 어디에서 볼 수 있는 글인가요? 알맞은 것을 골라 ○ 안을 색칠하세요.

공항

상점

기차역

2 1층과 4층에서 팔지 않는 것을 하나씩 골라 ✕표 하세요.

1층

과일

장난감   생선

4층

옷

과자   신발

3 상점에서 살 물건을 종이에 적었어요. 몇 층에 가야 하는지 모두 골라 ◯ 하세요.

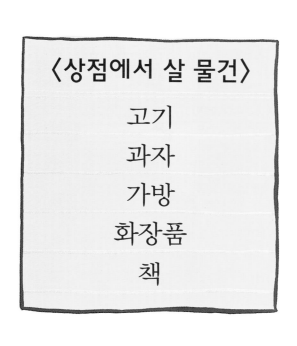

〈상점에서 살 물건〉

고기

과자

가방

화장품

책

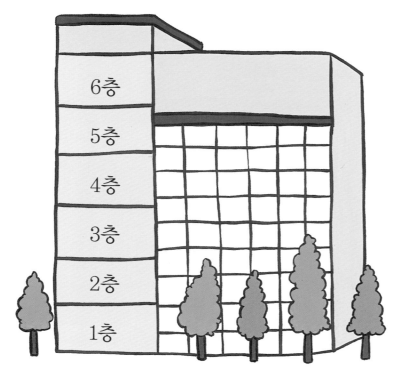

6층

5층

4층

3층

2층

1층

큰 소리로 글을 읽고, 물음에 답하세요.

참 잘했어요!

**재미 팡팡 놀이동산
놀이 기구**

신 나고 재미있는 어린이 세상!

모험의 나라

• 춤추는 우주선
• 칙칙폭폭 꼬마 기차
• 코끼리 비행기

자연의 나라

• 숲 속의 오두막
• 둥실둥실 연잎 배
• 흔들흔들 꽃 그네

1 어디에서 볼 수 있는 글인가요? 알맞은 것에 ⬭ 하세요.

놀이동산

동물원

놀이터

2 재미 팡팡 놀이동산에서 탈 수 있는 놀이 기구를 모두 골라 붙임 딱지를 붙이세요.

춤추는 우주선

주르륵 폭포 타기

독수리 낙하산

둥실둥실 연잎 배

3 친구들이 타고 싶어 하는 놀이 기구를 타려면 어디로 가야 하나요? 알맞게 줄로 이으세요.

'칙칙폭폭 꼬마 기차'를 타고 싶어.

'흔들흔들 꽃 그네'를 타고 싶어.

자연의 나라

모험의 나라

5

설명서

자세한 이용 방법이
쓰여 있어요.

팔
내가 심심할 때
그네를 태워 준다.

다리
내가 아플 때
빨리 달린다.

참 잘했어요!

입
내가 위험할 때
크게 소리친다.

듬직한
우리 아빠
설명서

어깨
내가 먼 곳을 볼 때
사다리가 되어 준다.

꼬마 자동차

큰 소리로 글을 읽고, 물음에 답하세요.

꼬마 자동차를 움직이는 방법

- 리모컨의 ▭ 을 눌러 꼬마 자동차를 켜세요.
- 앞으로 가려면 ↑ 을 누르세요.
- 뒤로 가려면 ↓ 을 누르세요.
- 왼쪽으로 가려면 ← 을 누르세요.
- 오른쪽으로 가려면 → 을 누르세요.

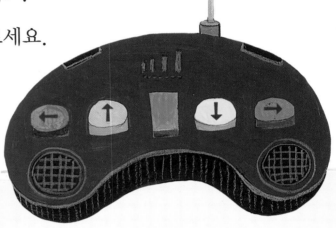

1 무엇을 움직이는 방법인가요? 알맞은 것에 ◯ 하세요.

세발자전거

꼬마 자동차

꼬마 비행기

52

2 어떤 단추를 눌러야 하나요? 알맞은 단추에 붙임 딱지를 붙이세요.

꼬마 자동차를 왼쪽으로 가게 해야지.

꼬마 자동차를 뒤로 가게 해야지.

3 리모컨으로 꼬마 자동차를 움직일 수 없는 것을 찾아 □ 안에 ○표 하세요.

앞으로 가기

오른쪽으로 가기

위로 가기

게임기 큰 소리로 글을 읽고, 물음에 답하세요.

- 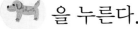 을 눌러 게임기를 켠다.
- 자동차 게임을 하려면  을 누른다.
- 동물 게임을 하려면 을 누른다.
- 퍼즐 게임을 하려면 을 누른다.
- 축구 게임을 하려면 을 누른다.
- 소리가 나게 하려면 을 누른다.

1 무엇을 알려 주는 글인가요? 알맞은 것을 골라 ○ 안을 색칠하세요.

게임기를 닦는 방법

게임기를 만드는 방법

게임기를 사용하는 방법

2 친구들이 하고 싶어 하는 게임을 하려면 무엇을 눌러야 하나요? 알맞게 줄로 이으세요.

난 자동차 게임을 할래.

난 축구 게임을 할래.

난 동물 게임을 할래.

3 게임기에서 소리가 나게 하려면 어떻게 해야 하나요? 알맞은 것에 ◯ 하세요.

 을 눌러요.

 을 눌러요.

 을 눌러요.

비눗방울

큰 소리로 글을 읽고, 물음에 답하세요.

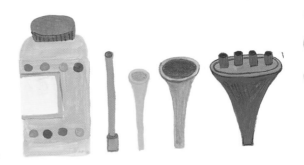

• 비눗물을 통에 부으세요.

• 만들고 싶은 비눗방울을 정하고, 깔때기를 골라 초록 대에 끼우세요.

작은 비눗방울을 만들 때

초록 대에 ⚲를 끼워 비눗물 통에 담갔다 뺀 다음, 약하게 부세요.

큰 비눗방울을 만들 때

초록 대에 ⚲를 끼워 비눗물 통에 담갔다 뺀 다음, 세게 부세요.

여러 개의 비눗방울을 만들 때

초록 대에 ⚲를 끼워 비눗물 통에 담갔다 뺀 다음, 세게 부세요.

1 무엇을 알려 주는 글인가요? 알맞은 것을 골라 ○ 안을 색칠하세요.

나팔을 만드는 방법

비눗방울을 만드는 방법

비누를 만드는 방법

2 여러 개의 비눗방울을 만들 때 필요한 깔때기에 ⭕ 하세요.

3 어떤 비눗방울이 나올까요? 깔때기를 잘 보고, 알맞게 붙임 딱지를 붙이세요.

카세트 큰 소리로 글을 읽고, 물음에 답하세요.

- 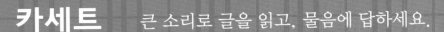 을 누르면 테이프 넣는 곳이 열린다. 여기에 테이프를 넣거나 뺀다.
- 을 누르면 노래가 나온다.
- 을 누르면 노래가 꺼진다.
- 을 누르면 소리가 커진다.
- 을 누르면 소리가 작아진다.

1 무엇을 이용하는 방법을 알려 주는 글인가요? 알맞은 것에 ⭕ 하세요.

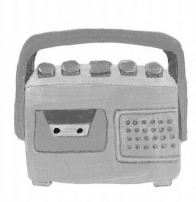

카세트

라디오

컴퓨터

2 테이프를 넣으려면 어떻게 해야 하나요? 알맞은 것을 골라 색칠하세요.

■ 을 누른다.

▲ 을 누른다.

╋ 을 누른다.

3 친구들이 하고 싶은 대로 하려면 무엇을 눌러야 하나요? 알맞게 줄로 이으세요.

노래를 끄고 싶어요.

소리를 크게 하고 싶어요.

소리를 작게 하고 싶어요.

해답 · 부모 가이드

메시지는 자신의 생각과 의견을 써서 다른 사람에게 전하는 글입니다. 1장 메시지 편에서는 쪽지, 초대장, 엽서, 편지를 다루었습니다. 메시지를 독해할 때에는 누가 누구에게 보냈는지, 왜 보냈는지, 무슨 내용을 전하려고 했는지를 파악하는 것이 중요합니다. 다양한 독해 문제를 풀어 보면서 메시지의 목적과 핵심 내용을 파악하도록 지도해 주세요. 그리고 평소 생활하면서 주위 사람들과 주고받는 엽서나 편지에 아이가 관심을 가질 수 있도록 이끌어 주세요.

★ 12~13쪽

은별이가 시장에서 본 강아지를 기르고 싶다며 엄마에게 보낸 쪽지입니다. 은별이가 누구에게 쓴 쪽지인지, 무엇을 사 달라고 했는지, 강아지에게 무엇을 해 주겠다고 했는지 알아보면서 쪽지에 담긴 핵심 내용을 파악하는 독해 활동을 합니다.

★ 14~15쪽

한빛이가 하나를 생일잔치에 초대하기 위해서 보낸 초대장입니다. 무엇을 하려고 쓴 글인지, 생일잔치에서 무엇을 할 거라고 했는지, 언제 생일잔치를 하는지 알아보면서 초대장을 쓴 목적과 핵심 내용을 파악하는 독해 활동을 합니다.

★ 16~17쪽

제주도로 여행을 간 삼촌이 다훈이에게 보낸 엽서입니다. 누가 다훈이에게 쓴 엽서인지, 삼촌은 어디로 여행을 갔는지, 삼촌이 제주도에서 한 일은 무엇인지 살펴보면서 엽서를 쓴 사람과 엽서에 담긴 중요한 내용을 파악하는 독해 활동을 합니다.

★ 18~19쪽

동현이가 로봇을 찾아 준 경비원 아저씨에게 보낸 감사 편지입니다. 동현이가 누구에게 쓴 편지인지, 무엇을 잃어버렸는지, 왜 경비원 아저씨에게 편지를 썼는지 알아보면서 세부 내용과 편지를 쓴 목적을 파악하는 독해 활동을 합니다.

안내문은 어떤 내용에 대해 여러 사람에게 소개하고 알려 주는 글입니다. 2장 안내문 편에서는 만화 영화, 피자 가게, 가을 소풍, 에스컬레이터 이용법처럼 아이들이 많이 보게 되는 안내문을 다루었습니다. 안내문을 독해할 때에는 무엇을 알리려고 하는지와 내용을 정확히 파악하는 것이 중요합니다. 다양한 독해 문제를 풀어 보면서 안내문의 목적과 핵심 내용을 파악하도록 해 주세요. 또 신문이나 잡지, 광고 전단지 등을 통해 다양한 안내문을 읽어 보게 해 주세요.

★ 22~23쪽

아기 공룡 뿌우가 친구를 찾아 여행을 떠나는 만화 영화 '뿌우의 대모험'을 소개하는 안내문입니다. 무엇을 알리는 글인지, 만화 영화의 주인공은 누구인지, 만화 영화를 보려면 어디로 가야 할지를 알아보면서 안내문의 목적과 핵심 내용을 파악하는 독해 활동을 합니다.

★ 24~25쪽

새로 문을 연 동그라미 피자 가게를 소개하는 안내문입니다. 무엇을 알리는 글인지, 동그라미 피자 가게에서 무엇을 파는지, 마늘빵을 선물로 주는 날은 언제인지 알아보면서 안내문을 쓴 목적과 중요한 내용을 파악하는 독해 활동을 합니다.

★ 26~27쪽

잎새 유치원에서 민속촌으로 가을 소풍을 간다는 것을 알리는 안내문입니다. 무엇을 알리는 글인지, 어디로 소풍을 가는지, 소풍을 가서 무엇을 하는지 알아보면서 안내문을 쓴 목적과 핵심 내용을 파악하는 독해 활동을 합니다.

★ 28~29쪽

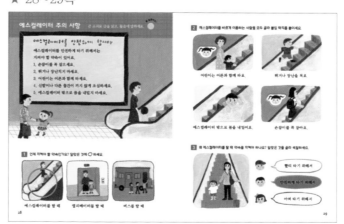

에스컬레이터를 안전하게 타려면 어떻게 해야 하는지를 알려 주는 안내문입니다. 에스컬레이터를 바르게 이용하는 사람을 알아보고, 왜 에스컬레이터를 탈 때 약속을 지켜야 하는지 살펴보면서 안내문을 쓴 목적과 중요한 내용을 파악하는 독해 활동을 합니다.

해답·부모 가이드

절차문은 일을 하는 순서와 방법이 차례대로 쓰인 글입니다. 3장 절차문 편에서는 꼬마 김밥 만드는 법, 음식 백화점 이용법, 카드 놀이 순서, 수영장을 이용하는 순서처럼 아이들이 알아 두면 좋은 글을 다루었습니다. 절차문을 독해할 때에는 어떤 과정으로 일이 이루어지는지, 또 어떤 방법대로 해야 하는지 파악하는 것이 중요합니다. 다양한 독해 문제를 풀어 보면서 절차문의 목적과 핵심 내용을 파악하도록 해 주세요. 또 버스 타는 방법이나 옷 입는 순서 등을 직접 정리해 보도록 이끌어 주세요.

★ 32~33쪽

꼬마 김밥을 만들 때 무엇이 필요하며 어떤 순서로 만들어야 하는지를 자세히 써 놓은 절차문입니다. 무엇을 만드는 순서인지, 꼬마 김밥 재료에서 빠진 것은 무엇인지 알아보면서 절차문의 목적과 중요한 내용을 파악하는 독해 활동을 합니다.

★ 34~35쪽

음식 백화점을 이용할 때 어떻게 해야 하는지를 순서대로 써 놓은 절차문입니다. 무엇을 하는 순서인지, 계산대에서 음식값을 내고 무엇을 받아야 하는지 등을 살펴보면서 절차문의 목적과 중요한 내용을 파악하는 독해 활동을 합니다.

★ 36~37쪽

과자 카드 놀이를 할 때 어떤 순서로 해야 하는지를 써 놓은 절차문입니다. 무엇을 하는 순서인지, 주사위를 던져서 나온 것을 보고 무엇을 해야 하는지, 과자 카드 놀이를 하는 순서에 대해 알아보면서 절차문의 내용을 파악하는 독해 활동을 합니다.

★ 38~39쪽

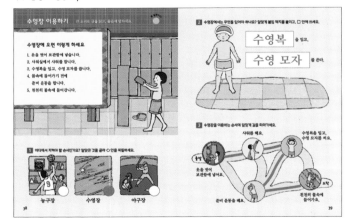

수영장을 이용할 때 어떻게 해야 하는지를 순서에 따라 차례대로 써 놓은 절차문입니다. 어디에서 지켜야 할 순서인지, 수영장에서는 무엇을 입어야 하는지, 수영장을 이용하는 순서를 살펴보면서 절차문의 중요한 내용을 파악하는 독해 활동을 합니다.

목록은 서로 관련 있는 것들을 한데 모아 정리해 놓은 글입니다. 4장 목록 편에서는 어린이 책 소개, 텔레비전 프로그램 순서, 놀이 기구 안내 등 아이들이 생활 속에서 흔히 보는 목록을 다루었습니다. 목록을 독해할 때에는 어떤 내용이 담겨 있는지, 어디에서 볼 수 있는지, 무엇을 알려 주는지를 파악하는 것이 중요합니다. 다양한 독해 문제를 풀어 보면서 목록의 목적과 핵심 내용을 파악하게 해 주세요. 또 보고 싶은 동화책이나 서랍 속의 물건을 직접 목록으로 만들어 보도록 이끌어 주세요.

★ 42~43쪽

새로 나온 어린이 책을 종류별로 정리해서 소개하는 목록입니다. 어디에서 볼 수 있는 글인지, 이번 달에 새로 나온 어린이 책에는 무엇이 있는지, 또 새로 나온 어린이 책을 종류별로 나누어 보면서 목록의 핵심 내용을 파악하는 독해 활동을 합니다.

★ 44~45쪽

오늘 방송될 텔레비전 프로그램을 시간에 따라 정리해 놓은 목록입니다. 무엇을 알려 주는 글인지, 시간별로 어떤 프로그램이 방영되는지, 오늘 볼 수 있는 프로그램은 어떤 것인지를 알아보면서 목록의 목적과 세부 내용을 파악하는 독해 활동을 합니다.

★ 46~47쪽

알뜰 상점에서 각 층마다 어떤 물건을 파는지 정리해 놓은 목록입니다. 어디에서 볼 수 있는 글인지, 1층과 4층에서 팔지 않는 물건은 무엇인지, 종이에 적은 물건을 사려면 몇 층에 가야 하는지 알아보면서 목록의 핵심 내용을 파악하는 독해 활동을 합니다.

★ 48~49쪽

재미 팡팡 놀이동산에 있는 놀이 기구를 정리해 놓은 목록입니다. 어디에서 볼 수 있는 글인지, 재미 팡팡 놀이동산에서 탈 수 있는 놀이 기구는 무엇인지, 타고 싶은 놀이 기구를 타려면 어디로 가야 하는지 알아보면서 중요한 내용을 파악하는 독해 활동을 합니다.

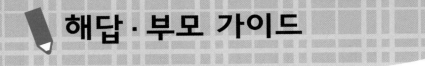

해답·부모 가이드

설명서는 어떤 것에 대한 자세한 내용이나 사용법을 알기 쉽게 써 놓은 글입니다. 5장 설명서 편에서는 꼬마 자동차, 게임기, 비눗방울, 카세트처럼 아이들이 많이 이용하는 물건의 설명서를 다루었습니다. 설명서를 독해할 때에는 어떤 내용이 담겨 있는지, 사용 방법이 어떻게 되는지를 파악하는 것이 중요합니다. 다양한 독해 문제를 풀어 보면서 설명서의 목적과 핵심 내용을 파악하도록 지도해 주세요. 또 주위에서 쉽게 볼 수 있는 설명서에 아이가 관심을 가질 수 있도록 이끌어 주세요.

★ 52~53쪽

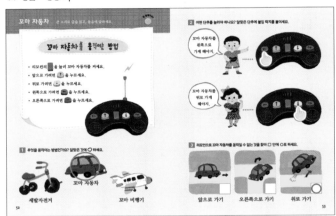

꼬마 자동차를 움직이려면 어떻게 해야 하는지 알려 주는 설명서입니다. 무엇을 움직이는 방법인지, 어떤 단추를 눌러야 하는지, 리모컨으로 할 수 없는 것은 무엇인지 알아보면서 설명서의 목적과 핵심 내용을 파악하는 독해 활동을 합니다.

★ 54~55쪽

신 나는 게임기를 잘 사용하려면 어떻게 해야 하는지 알려 주는 설명서입니다. 무엇을 알려 주는 글인지, 친구들이 하고 싶어 하는 게임을 하려면 무엇을 눌러야 하는지 등을 살펴보면서 설명서의 목적과 핵심 내용을 파악하는 독해 활동을 합니다.

★ 56~57쪽

다양한 비눗방울을 만드는 방법에 대해 알려 주는 설명서입니다. 무엇을 알려 주는 글인지, 여러 개의 비눗방울을 만들려면 어떤 깔때기가 필요한지, 다른 모양의 깔때기에서 어떤 비눗방울이 나오는지 알아보면서 설명서의 중요한 내용을 파악하는 독해 활동을 합니다.

★ 58~59쪽

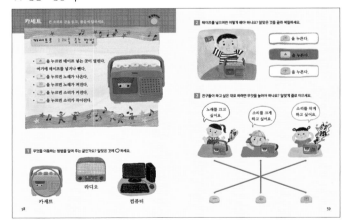

카세트로 노래를 듣는 방법에 대해 써 놓은 설명서입니다. 무엇을 이용하는 방법인지, 테이프를 넣으려면 어떻게 해야 하는지, 친구들이 하고 싶은 대로 하려면 무엇을 눌러야 하는지 알아보면서 설명서의 중요한 내용을 파악하는 독해 활동을 합니다.

2단계 **1** 생활글

되짚어 보기

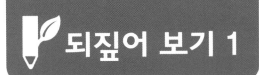

되짚어 보기 1

큰 소리로 글을 읽고, 물음에 답하세요.

참 잘했어요!

민우야,
오늘 동생 정우와 잘 놀아 줘서 고마워.
엄마가 김치를 담그느라 정우를 돌볼
수 없었는데 네가 잘 놀아 주더구나.
정우도 형과 놀아서 즐거워 보였어.
우리 민우가 다 큰 것 같아서 엄마는
오늘 참 기쁘구나!
사랑해, 민우야!

엄마가

1 누가 민우에게 쓴 편지인가요? 알맞은 사람에 ◯ 하세요.

할머니

엄마

아빠

66

2 민우가 오늘 한 일은 무엇인가요? 알맞은 것에 ◯ 하세요.

심부름하기

동생과 놀기

김치 담그기

누나와 줄넘기하기

3 엄마는 왜 민우에게 편지를 썼나요? 알맞은 것을 골라 색칠하세요.

민우를 칭찬하기 위해서

민우를 축하하기 위해서

민우에게 부탁을 하기 위해서

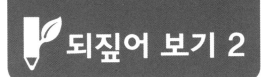

큰 소리로 글을 읽고, 물음에 답하세요.

공원을 이용할 때 지켜야 할 일

공원을 다 같이 깨끗하게 쓰기 위해서 지켜야 할 약속이 있어요.

1. 쓰레기는 꼭 쓰레기통에 버리세요.
2. 꽃을 꺾지 말고, 잔디밭에 들어가지 마세요.
3. 수돗가에서 물을 쓴 뒤 수도꼭지를 꼭 잠그세요.
4. 애완동물을 데리고 올 때는 꼭 줄을 매세요.
5. 비둘기에게 먹이를 주지 마세요.

1 어디에서 지켜야 할 약속인가요? 알맞은 것에 ◯ 하세요.

수영장

공연장

공원

2 공원에서의 약속을 잘 지키는 사람을 모두 골라 ◯ 하세요.

3 왜 공원에서는 약속을 지켜야 하나요? 알맞은 것을 골라 색칠하세요.

공원을 다 같이 조용하게 쓰기 위해서

공원을 다 같이 깨끗하게 쓰기 위해서

음료수 자동판매기 이용 순서

1. 먹고 싶은 음료수를 고르세요.

2. 돈을 넣으세요.

3. 음료수 아래의 버튼을 누르세요.

4. 아래쪽에 있는 뚜껑을 열고 음료수를 꺼내세요.

5. 반환 손잡이를 돌려 거스름돈이 나오면 가져가세요.

1 무엇을 이용하는 순서인가요? 알맞은 것에 ◯ 하세요.

음료수 자동판매기

과자 자동판매기

사탕 자동판매기

2 (ㅇ보기) 다음으로 해야 할 일은 무엇인가요? 알맞은 것에 ○ 하세요.

(ㅇ보기)

돈을 넣어요.

음료수 아래의
버튼을 눌러요.

아래쪽에 있는
뚜껑을 열어요.

반환 손잡이를
돌려요.

3 음료수를 꺼낸 다음 거스름돈을 가져가려면 어떻게 해야 하나요? 알맞은 것을 골라
색칠하세요.

음료수 아래의 버튼을 눌러요.

음료수를 골라요.

반환 손잡이를 돌려요.

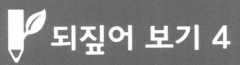

자연 박물관 안내

1층–동물관

다양한 곳에서 사는 여러 동물을 볼 수 있어요.

 하늘을 나는 새   바다에 사는 동물

 땅에 사는 동물

2층–식물관

예쁜 꽃과 나무부터 벌레를 잡아먹는 무시무시한
식물까지 여러 식물을 볼 수 있어요.

 땅에서 자라는 식물   물에서 자라는 식물

 벌레잡이 식물

1 어디에서 볼 수 있는 글인가요? 알맞은 것에 ⃝ 하세요.

기차역

동물원

자연 박물관

2 자연 박물관에서 볼 수 있는 것은 노란색, 볼 수 없는 것은 파란색으로 ○ 안을 색칠하세요.

하늘을 나는 새

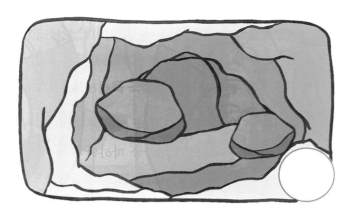

동굴에 있는 바위

물에서 자라는 식물

동물 모양의 로봇

3 각각의 표지판은 몇 층에 놓아야 할까요? 알맞게 줄로 이으세요.

땅에 사는 동물 •

물에서 자라는 식물 •

하늘을 나는 새 •

벌레잡이 식물 •

2층

1층

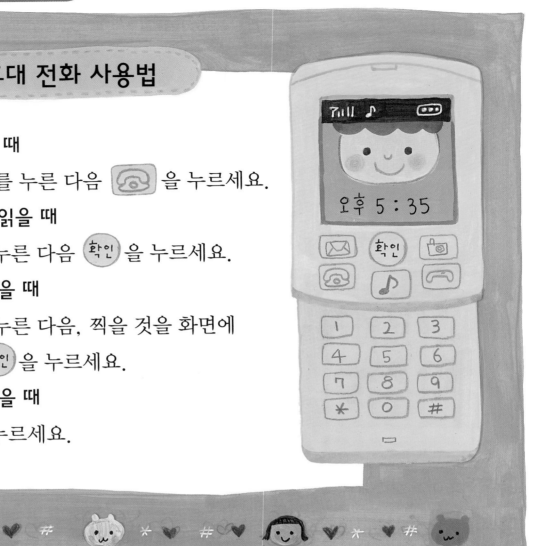

장난감 휴대 전화 사용법

- 전화를 걸 때

  전화번호를 누른 다음 ☎ 을 누르세요.

- 메시지를 읽을 때

  ✉ 을 누른 다음 확인 을 누르세요.

- 사진을 찍을 때

  📷 을 누른 다음, 찍을 것을 화면에

  맞추고 확인 을 누르세요.

- 음악을 들을 때

  ♪ 을 누르세요.

1 무엇을 사용하는 방법인가요? 알맞은 것에 ◯ 하세요.

장난감 계산기

장난감 휴대 전화

장난감 사진기

2 친구들이 하고 싶어 하는 것을 하려면 어떻게 해야 하나요? 알맞게 줄로 이으세요.

메시지를 읽고 싶어요.　　사진을 찍고 싶어요.　　음악을 듣고 싶어요.

♪ 을 눌러요.

📷 을 누른 다음, 찍을 것을
화면에 맞추고 확인 을 눌러요.

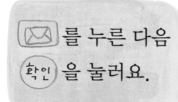

✉ 를 누른 다음
확인 을 눌러요.

3 전화를 걸 때 전화번호를 누른 다음에는 무엇을 눌러야 하나요? 알맞은 것을 골라
색칠하세요.

★ 되짚어 보기 1

엄마가 민우에게 쓴 편지입니다. 누가 쓴 편지인지, 엄마가 왜 편지를 썼는지 등을 알아보면서 편지를 쓴 목적과 중요한 내용을 파악하는 독해 활동을 합니다.

★ 되짚어 보기 3

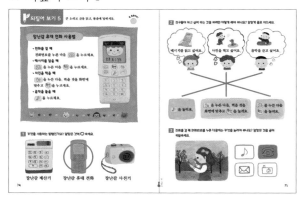

음료수 자동판매기를 이용하는 순서입니다. 이용하는 순서와 거스름돈을 어떻게 가져가는지 등을 알아보면서 절차문의 순서와 중요한 내용을 파악하는 독해 활동을 합니다.

★ 되짚어 보기 5

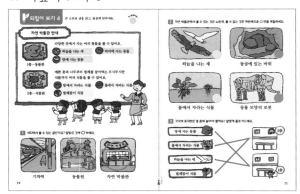

장난감 휴대 전화의 설명서입니다. 무엇을 사용하는 방법인지, 전화를 걸 때 어떻게 해야 하는지 등을 알아보면서 설명서의 목적과 세부 내용을 파악하는 독해 활동을 합니다.

★ 되짚어 보기 2

공원의 안내문입니다. 어디에서 지켜야 할 약속인지, 왜 공원에서 약속을 지켜야 하는지 등을 알아보면서 안내문의 목적과 핵심 내용을 파악하는 독해 활동을 합니다.

★ 되짚어 보기 4

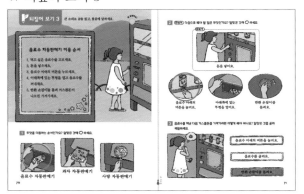

자연 박물관의 목록입니다. 자연 박물관에서 무엇을 볼 수 있는지, 각 표지판을 몇 층에 놓아야 할지 등을 알아보면서 목록의 핵심 내용과 세부 내용을 파악하는 독해 활동을 합니다.

★ 6쪽에 붙이세요.

★ 7쪽에 붙이세요.

★ 8쪽에 붙이세요.

★ 9쪽에 붙이세요.

★ '참 잘했어요!'에 붙이세요.

★ 12쪽에 붙이세요.

★ 18쪽에 붙이세요.

★ 22쪽에 붙이세요.

★ 25쪽에 붙이세요.

샐러드   스파게티   새우 피자

★ 33쪽에 붙이세요.

통닭   김밥

★ 27쪽에 붙이세요.

★ 29쪽에 붙이세요.

★ 45쪽에 붙이세요.

★ 49쪽에 붙이세요.

★ 39쪽에 붙이세요.

★ 43쪽에 붙이세요.

방귀쟁이
며느리

고릴라가
궁금해!

★ 53쪽에 붙이세요.

★ 57쪽에 붙이세요.